AF253998

LETTRES POLITIQUES

D'UN SÉNATEUR RÉPUBLICAIN

PREMIÈRE

A MONSIEUR LE DUC DE BROGLIE

SUR LE PARTI DE LA RÉSISTANCE

PARIS

LIBRAIRIE E. DENTU

GALERIE D'ORLÉANS (PALAIS-ROYAL)

1876

Pour paraître prochainement :

LETTRE A MONSEIGNEUR DUPANLOUP

SÉNATEUR

SUR

LA RÉVOLUTION DANS L'ORDRE SOCIAL

Paris. — Imprimerie Nouvelle (association ouvrière), rue des Jeûneurs, 11. —G. Masquin et C.

LETTRES POLITIQUES

D'UN SÉNATEUR RÉPUBLICAIN

PREMIÈRE

A MONSIEUR LE DUC DE BROGLIE

SUR LE PARTI DE LA RÉSISTANCE

PARIS

LIBRAIRIE E. DENTU

GALERIE D'ORLÉANS (PALAIS-ROYAL)

1876

A MONSIEUR LE SÉNATEUR DUC DE BROGLIE

Monsieur le duc et honorable Collegue,

Quand on observe de près ce qui se passe sur notre champ politique pour reconnaître les partis qui s'y agitent, on en distingue quatre : l'un, dit légitimiste, qui tient pour la monarchie traditionnelle ; un autre, dit orléaniste, tenant pour la monarchie constitutionnelle ; un troisième, se disant bonapartiste, et s'agitant pour le rétablissement du régime impérial ; le quatrième vouant ses efforts à l'établissement définitif de la République. Il en existe bien un cinquième, dénommé clérical, mais qui veut être étudié à part. D'ailleurs, sur le terrain où nous sommes, il se confond avec les légitimistes, les orléanistes, voire même avec les bonapartistes.

Mais si l'observation se fait de haut, on s'aperçoit bien vite que les trois premiers sont coalisés contre le quatrième, et que, de ce point de vue, il n'y a, en fait, que deux grands partis : l'un, par lequel s'opère le mouvement démocratique ; l'autre, par lequel se font les efforts de résistance à ce mouvement. — N'est-ce pas vrai ?

Vous serez encore de mon avis, Monsieur le duc, si je dis que, de ce point de vue élevé, l'ensemble des divers éléments monarchistes est plus qu'une coalition, attendu qu'une coalition se forme pour une nécessité momentanée, tandis que le travail de résistance au mouvement démocratique, commencé dès le premier jour de la Révolution, ne finira, s'il doit finir, qu'au jour où elle sera accomplie. Il y a donc bel et bien un parti de la résistance, né d'une certaine communauté de sentiment, soumis, comme tout autre, aux modifications voulues par les circonstances ou la force des choses, et persistant, sous des qualifications diverses, à travers les grandes et quelquefois terribles crises sociales qui se sont accomplies depuis 1789.

C'est ce parti, ainsi envisagé, qui est l'objet de cette première Lettre, et je ne pouvais mieux l'adresser qu'à vous-même, Monsieur le duc, qui êtes, depuis quelques années, l'inspirateur principal de la politique de résistance.

J'entreprends un travail qui me mènera loin. Pour expliquer votre résistance, il faut, de toute nécessité, se rendre compte de ce à quoi vous résistez, et comme c'est la Révolution elle-même que vous combattez en nous, je serai obligé d'en préciser aussi le caractère et la portée.

C'est-à-dire que je me propose de traiter au pas de course les questions les plus élevées de la philosophie politique. Mais je suis lancé : j'irai jusqu'au bout, au risque d'être abandonné de vous, Monsieur le duc, et même de tout autre lecteur.

I

J'ai dit plus haut que le parti de la résistance date des premiers moments de la Révolution; j'aurais pu dire qu'il s'est manifesté en opposition du premier effort fait au sein d'un groupe humain en vue d'une amélioration à réaliser; c'est-à-dire qu'il est vieux comme le monde. Il a, en effet, existé dans tous les temps, chez tous les peuples, et s'est toujours recruté parmi les classes privilégiées. Il s'est constamment donné pour mission de résister à toute innovation sociale contraire à ses intérêts, à ses prétentions, et n'a jamais manqué de poursuivre de sa plus ardente aversion le parti par lequel l'innovation devait s'opérer ou s'était opérée.

C'est surtout et naturellement aux grandes époques de transformation sociale, comme celle où nous vivons, que l'opinion résistante s'accentue, se passionne, pousse aux luttes désespérées et provoque sans scrupule le recours aux moyens violents. Que de fois n'a-t-on pas fait remarquer l'étonnante ressemblance de la société réactionnaire des premiers temps de la révolution chrétienne avec celle réagissant contre la révolution dont la France moderne est le foyer principal! Même opposition, exactement, au nom des intérêts conservateurs; mêmes accusations à l'endroit du parti rénovateur; mêmes déclamations intéressées sur le péril social. Du reste, ce phénomène humain se produira d'une manière plus ou moins éclatante tant qu'il y aura un progrès à réaliser, et que sa réalisation éveillera dans l'esprit de certaines catégories sociales la crainte de voir compromise une situation satisfaisante pour elles exclusivement. C'est-à-dire que le phénomène se renouvellera jusqu'à la fin des siècles, le mouvement progressif étant la loi de l'humanité.

II

Cependant, si le progrès est la loi de l'humanité, vue d'ensemble, il faut reconnaître qu'il n'est pas la loi constante de toute société, puisque l'histoire nous enseigne de la manière la plus frappante que toutes les grandes sociétés antérieures à celles sorties de la révolution chrétienne ont parcouru un cycle, partant de l'enfance, suivant une ligne ascendante, arrivant à leur apogée, et fatalement entraînées sur une pente descendante jusqu'à l'extrême limite de la décadence; quelquefois jusqu'à extinction de toute vie.

La société française aurait-elle atteint dès longtemps son apogée, et serait-elle maintenant en voie de décadence?

Votre parti, Monsieur le duc, se complaît à faire entendre qu'il en est ainsi de la France, et par le fait même de la Révolution. Et l'action de résistance qu'il exerce, il prétend la justifier par l'impérieuse nécessité de retenir, autant que possible, la société sur la pente périlleuse où l'entraînerait l'opinion révolutionnaire. Si bien qu'au lieu de jouer le rôle peu honorable d'anciens privilégiés réagissant contre de nécessaires évolutions de renaissance, vous joueriez le rôle glorieux d'un parti réagissant de toute son énergie contre un entraînement à la décadence.

« On n'est si bien servi que par soi-même, » dit le proverbe. Il vous faut, en effet, pour vous donner du cœur et de l'à-plomb vis-à-vis de nous, vous bercer de cette idée que c'est pour son salut, positivement et exclusivement pour son salut, que, ne pouvant faire plus, vous excitez la société à nous répudier, et la suppliez de se jeter dans vos bras. Oui, vous ne savez justifier votre action critique à notre égard qu'en vous efforçant de faire croire à la dégénérescence de la société française. Cette dégénérescence même, d'après votre logique, serait, en ce moment, d'autant plus certaine et avancée que la Révolution, gagnant plus d'empire sur les esprits, se réalise davantage dans les institutions.

Mais vous permettrez à l'affreux révolutionnaire que je suis, d'avoir de notre commune nation une opinion absolument contraire à la vôtre, et de ne m'en tenir pas, à cet égard, à des affirmations jetées en l'air, dépourvues de toute espèce de preuves. J'en ferai valoir quelques-unes qui ne courent pas les rues et ne laisseront pas, je l'espère, de vous embarrasser.

Aussi bien, allons-nous voir de suite que les trois éléments dont se compose votre parti, tout en déblatérant contre la Révolution, tout en la présentant comme une force dissolvante, lui rendent néanmoins, ou lui ont rendu, ou lui rendraient au besoin hommage, quoi qu'ils en aient, laissant deviner qu'au fond de leur conscience est inscrite la pensée que 89 a réellement inauguré un mouvement régénérateur.

III

Il y a trois ans à peine, lorsque la fusion royaliste semblait un fait accompli et que les deux éléments, fusionnés en apparence, se croyaient en mesure de restaurer, sur les ruines de la République, la royauté traditionnelle, quelques journaux républicains, usant de leur droit, insinuaient que la conspiration tendante à remettre en tutelle la société française aurait pour conséquence inévitable une renaissance de tous les abus qui caractérisaient l'ancien régime. Il suffisait de dire cela pour soulever l'indignation publique contre la conspiration et les conspirateurs.

Quel a été l'effet de ces insinuations sur l'élément légitimiste particulièrement? Celui que produirait sur une âme honnête la plus révoltante des calomnies. Vous devez vous en souvenir, Monsieur le duc : les légitimistes les plus autorisés protestèrent avec la plus extrême véhémence contre l'assertion que la royauté traditionnelle, étant restaurée, devait nécessairement déterminer la renaissance des abus de l'ancien régime.

Je n'ai, certes, aucune raison de mettre en doute la parfaite sincérité de ces véhémentes protestations.

Mais quoi! c'était une odieuse calomnie de prétendre que la restauration de la royauté traditionnelle entraînerait fatalement la restauration des institutions abusives d'autrefois? Ces institutions, consenties et même voulues par la royauté de droit divin, étaient donc bien abominables, qu'on se défend avec tant d'énergie d'être disposé à les laisser se rétablir?

Et ces ardentes protestations, Monsieur le duc, n'impliquaient-elles pas l'accusation la plus accablante de l'état de choses existant avant la Révolution, état de choses né d'un pouvoir sans contrôle, s'appuyant sur des castes privilégiées; état de choses qui allait s'aggravant toujours et fatalement; qui aurait défié les efforts de la royauté, en supposant que d'elle-même elle en aurait pu faire de sérieux; état de choses enfin dont la Révolution seule pouvait avoir et a eu raison effectivement?

Ces protestations, Monsieur le duc, étaient tout simplement de la part des légitimistes une manière inconsciente de faire le procès au règne de la monarchie traditionnelle, et, par conséquence rigoureuse, de rendre involontairement hommage à la Révolution, puisqu'il n'a pas fallu moins que son irrésistible puissance pour avoir raison d'institutions sous l'effet desquelles la société française dépérissait.

Oui, ces protestations contiennent l'aveu implicite que la longue et terrible crise révolutionnaire a bien été réellement une crise de régénération.

En protestant comme ils l'ont fait, les légitimistes les plus autorisés ont condamné leur propre cause; ils ont fait au suprême degré acte d'enfants terribles.

Et d'un.

Quant à l'élément royaliste constitutionnel, qui est le vôtre, Monsieur le duc, s'il lui convient de se montrer maintenant si haineux de la Révolution, c'est, vous en conviendrez, parce qu'il n'a pas réussi à arrêter ses développements juste au point où elle semblait lui assurer, à l'exclusion du gros de la nation, la haute direction sociale. Admirable jusque-là, pour tout le parti de la monarchie de juste milieu, elle est détestable dès qu'elle appelle tout le monde à l'exercice du droit civique. Vous la proclamez régénératrice tant qu'elle sert votre ambition d'être classe dirigeante, et vous la traitez de force dissolvante le jour où elle dépasse la limite où votre intérêt égoïste vous sollicitait de l'arrêter.

Aussi, tenons-nous pour ce qu'elles valent les objurgations qu'un dépit trop évident inspire aux gens de votre opinion, et nous retenons ce fait que non-seulement vous êtes, comme parti, d'origine révolutionnaire, mais encore que vous avez proclamé mille et mille fois la puissance régénératrice des « immortels principes de 89. » Or, il faut être ou une bien pauvre intelligence ou un esprit de bien peu de bonne foi pour ne pas reconnaître que ces principes de 89, tant invoqués par votre monde, comportent tous les développements par lesquels se réalisera le règne de la pure démocratie. Bref, quelques réserves qu'ait pu faire votre monde au temps de sa prédominance, il a vécu de la Révolution, et il en a proclamé cent fois pour une et la haute nécessité et la merveilleuse fécondité.

Et de deux.

Que dirai-je, maintenant, du troisième élément de la coalition formant le parti de la résistance, c'est-à-dire de l'élément impérialiste? Enfant bâtard et répudié de la Révolution, il égorgerait sa mère, au besoin, si elle pouvait être égorgée, et, au besoin, il se réclame d'elle, affectant de lui rendre un pieux hommage? Pas un mot de plus.

Et du troisième.

Oh! nous savons comment on sait se retourner dans votre parti, quand on est atteint et convaincu d'avoir plus ou moins formellement rendu hommage à la Révolution! On y distingue la bonne de la mauvaise; celle qui réforme les abus sans porter atteinte aux principes fondamentaux, de celle qui est foncièrement subversive de ces principes. Mais nous verrons que c'est là un pur sophisme, et que la Révolution est une.

IV

Votre parti, Monsieur le duc, le prend de très haut avec nous, ordinairement. Il s'attribue toutes les qualités, toutes les capacités, et au nôtre, il attribue les défauts, les incapacités. Il aime à se flatter de cette idée qu'il est l'endroit de la médaille sociale, et nous l'envers. En d'autres termes, il est profondément convaincu d'être l'élément supérieur de la société, et nous l'élément inférieur.

Cependant, s'il est incontestable, comme nous le croyons, et comme vous tous, ou presque tous, ne pouvez, en conscience, vous défendre de le croire, que le travail de rénovation commencé en 1789 est tout favorable aux développements des puissances de la vie; si cela est incontestable, votre parti est au nôtre ce que la critique est à l'art. Et je ne sache pas que l'art soit inférieur à la critique.

Du reste, il ne m'en coûte nullement de reconnaître que, pris à part, les membres de votre parti sont généralement des gens « comme il faut. » Je sais, de plus, qu'on peut trouver dans vos rangs de remarquables capacités spéciales, se frayant un honorable chemin dans les affaires, l'administration, les sciences, les arts, les lettres, et même qu'on y trouverait, pour les nécessités de la vie privée, des caractères bien trempés.

Mais je ne saurais me dispenser de dire que, vu d'ensemble, et étudié dans ses faits et gestes de parti, votre monde, Monsieur le duc, se caractérise par les traits saillants que voici : l'intelligence fermée à toute conception originale, c'est-à-dire étroitement routinière; — l'imprévoyance la plus marquée des conséquences possibles de sa politique; — la disposition la plus incroyable à se laisser aller aux inspirations de la peur.

Ces trois traits sont inséparables; le premier est cause du second, le second cause du troisième, et leur indivisible ensemble est la caractéristique nécessaire d'un parti de résistance. Je n'aurais pas eu la facilité d'étudier d'après nature, pendant près d'un demi-siècle, celui dont je parle, que j'affirmerais, à priori, la réalité de cette caractéristique.

Prenons dans l'ordre inverse chacun des traits dont elle se compose. Par exemple, la disposition à la peur : n'est-elle pas passée à l'état proverbial? Est-il contestable que le monde de la résistance s'inspire avec la plus étonnante facilité de cette triste conseillère? D'ailleurs, vous savez mieux que personne, Monsieur le duc, comment on le pousse aux mesures extrêmes en agitant devant ses esprits, tantôt le spectre rouge, tantôt le péril social. Et nous savons, nous, par expériences répétées, comment aux jours de crises révolutionnaires, toujours provoquées par votre monde, il s'éclipse tout à coup, nous laissant le champ libre, faisant le mort, ou pire encore : acclamant, pour se garantir, la victoire remportée contre lui-même.

Quant à l'incapacité de prévoir, votre parti, Monsieur le duc, en a donné de si éclatantes preuves, qu'on le croirait sous le coup d'une fatalité qui l'aveugle sur les conséquences possibles de ses déterminations.

Enfin, il va de soi que son intelligence politique ne puisse être qu'à la hauteur de sa prévoyance et de son courage. Et, si médiocre qu'elle soit, elle est à la hauteur des nécessités de la résistance. Elle n'a rien à inventer d'ailleurs, rien à résoudre en fait de problèmes sociaux. Se basant sur des conceptions depuis longtemps expérimentées, il ne lui reste qu'à opposer une négative obstinée à tout ce qui est nouveau, et la négative obstinée est à la portée de tout le monde. L'esprit le plus borné peut même dire plus fermement à l'idée nouvelle : « Tu ne passeras pas! » que n'oserait le dire un esprit mieux doué.

Que deviendrait dans vos rangs, je vous le demande, et sur le terrain politique, un puissant penseur? C'est chez vous qu'il lui serait interdit d'exercer le droit au travail! Il n'y pourrait rester qu'à la condition de couper les ailes à son génie; qu'en opérant sur lui-même une sorte de castration intellectuelle. J'ignore si cette dégradation plus ou moins volontaire a eu lieu quelquefois; mais la vérité est bien que, chez vous, les intelligences sont enfermées dans un cercle extrêmement étroit. Puissantes, elles le briseraient infailliblement, et celles qui ne le sont pas suffisamment subissent un malaise inguérissable, qui les porte à se venger de leur impuissance relative, en distillant du fiel à l'adresse de tout ce qui est en dehors du cercle.

D'autre part, n'est-il pas connu que les hautes et vigoureuses capacités intellectuelles, vouées à l'étude des intérêts généraux de la société ont été, dans le cours de ce siècle, invinciblement attirées toutes vers le parti du mouvement? Non, le génie ne peut pas se trouver dans vos rangs, Monsieur le duc, bien que, dans vos rangs, on trouve des politiques beaux-esprits et même académiciens.

<h1 style="text-align:center">V</h1>

J'ai fait et suis toujours prêt à faire toutes sortes de réserves en faveur des personnes du monde de la résistance, vues en dehors du champ de la politique; mais sur ce champ même, je n'ai de réserves à faire pour personne, à plus forte raison en suis-je dispensé pour les éléments collectifs dont il se compose et pour l'ensemble lui-même.

Je prends cette précaution, parce que je suis amené à dire de ce parti qu'il se comporte comme s'il avait pour règle unique de conduite cette maxime fameuse : « La fin justifie les moyens. » Et sa règle ne changerait pas lors même que, par impossible, l'un des éléments constitutifs du parti absorberait les deux autres. En effet, légitimistes, orléanistes et bonapartistes sont et ne peuvent être que pour ce qu'on appelle « la souveraineté du but. » Or, rien ne pouvant être interdit, logiquement, à un parti poursuivant, en dehors du consentement populaire, un but suprême, tous les moyens doivent lui être bons, et les meilleurs, ceux qui lui assurent plus certainement le succès : la fin les justifie.

Prenons d'abord l'élément bonapartiste. Il a deux dates célèbres et célébrées par lui : le 18 brumaire et le 2 décembre; deux coups d'État, ou plutôt deux attentats commis au nom de la souveraineté du but. Il se dit le parti de « l'appel au peuple; » mais tout le monde sait parfaitement que c'est en vue d'obtenir du peuple sa sanction à un état de choses césarien qui le dépouillerait de son droit souverain, et le remettrait en tutelle plus ou moins déguisée.

L'élément orléaniste a aussi son but qu'il voudrait atteindre en dépit de la volonté populaire, et il ne reculerait, certes, devant l'emploi d'aucun moyen : la fin le justifierait. S'il ne tente pas l'aventure, c'est tout simplement parce qu'elle lui paraît extrêmement périlleuse, et que l'insuccès n'est pas douteux.

Les légitimistes militants sont dans le même cas; on peut dire même que, par principe, ils sont plus que les orléanistes et les bonapartistes pour la souveraineté du but. Leur objectif est supérieur à la volonté nationale, et nous avons vu, dans le courant de l'année 1873, que l'on comptait bien imposer à la France un pouvoir dont on savait parfaitement qu'elle ne voulait pas. Mieux encore : le personnage en lequel se symbolise la royauté dite légitime s'est plaint publiquement et avec une grande amertume, après l'avortement de la conspiration, du défaut d'énergie de ses agents principaux, qui avaient hésité à employer les moyens extrêmes : la fin les eût justifiés.

Ainsi, quant aux scrupules sur les moyens, les légitimistes seraient à la hauteur des orléanistes, et ceux-ci à la hauteur des bonapartistes. Il n'y aurait, en pratique, de différence que dans l'audace déployée par ceux-ci ou ceux-là.

Ce qui confirme mes assertions, c'est l'atitude, devant le suffrage universel, des trois éléments en question. Le bonapartisme ne lui est pas opposé en principe; mais, dans la pratique, il s'arrange pour l'influencer, le discipliner, le diriger de telle sorte qu'il dise généralement ce qu'il importe au régime césarien de lui faire dire : la fin justifie les moyens.

L'orléanisme et le légistimisme lui sont formellement opposés. Je reconnais que les habiletés bonapartistes répugnent aux hommes de ces deux opinions. Cependant nous avons vu, à plusieurs reprises, légitimistes et orléanistes s'incliner devant le suffrage universel, solliciter humblement les votes du « nombre brutal » et sembler en reconnaître la parfaite légitimité; puis, élus, faire le procès à l'institution, et manifester au moins le désir de restreindre, autant que la prudence le permettrait, le droit de suffrage politique : la fin justifie les moyens.

L'intérêt religieux, qui était autrefois l'un des points essentiels du programme légitimiste, est devenu, de nos jours, point essentiel du programme orléaniste, et — qui l'aurait cru? — du programme bonapartiste. Et quand je dis « l'intérêt religieux » j'entends dire l'intérêt catholique exclusivement. Nous avons vu, en effet, des hommes recommandables appartenant à la religion réformée mis à l'index par le monde de la résistance. Il est donc très bien porté dans ce monde, en ce temps-ci, de se manifester en zélé catholique. Qu'on soit croyant ou sceptique, du moment où l'on est du côté de la contre-révolution, on doit nécessairement désirer que la foi catholique reprenne son empire sur le sentiment des masses, pour que, rentrées dans le giron de l'Eglise, elles y soient redisciplinées, et qu'abandonnant leur visées d'affranchissement, elles reprennent leur ancienne condition de classes inférieures à tous égards. En ce cas, la religion est un moyen, et c'est par elle qu'on justifie la fin.

Il est donc bien exact, Monsieur le duc, que les trois éléments dont se compose le parti de la résistance, s'ils tendent chacun à un but particulier, professent nécessairement la même doctrine politique, doctrine absolument négative du droit des peuples, par laquelle on s'attribue tous les droits possibles contre les peuples, et qui a été celle de tous les oppresseurs des nations. Elle n'est pas fort dangereuse, à la vérité, régnant sur vos consciences, parce que vous êtes un composé d'éléments disparates, se faisant réciproquement obstacle. Mais il n'est pas moins vrai que cette doctrine abominable est, et ne peut être que celle des éléments dont se compose le parti de la résistance.

Je vous connais, et je sais, pour vous avoir vu à l'œuvre, comment vous savez nous retourner les reproches qui vous sont adressés par nos porte-paroles. Vous nous direz d'abord que vous faites exactement contre l'état de choses selon nos vœux ce que nous avions coutume de faire contre les états de choses contraires à nos vœux; vous nous direz ensuite, quant à la doctrine de la souveraineté du but, que notre parti l'a invoquée, proclamée et pratiquée tant de fois, qu'il est malvenu à vous reprocher d'en faire le principe de votre morale politique.

Mais je vous ferai remarquer, d'une manière générale, que les torts d'un parti n'autorisent pas ceux du parti contraire, attendu que c'est le pays qui, en définitive, subit les effets de ces torts. Je dis,

en outre, qu'il est pitoyable de voir les représentants les plus autorisés d'un parti n'essayer jamais de se tirer d'un mauvais pas, qu'en
disant d'un air de triomphe à leurs adversaires : « Vous nous accusez de tel méfait? Mais vous l'avez commis vous-mêmes! » Ce qui
se traduit par ces mots : « Vous nous accusez d'être des malfaiteurs?
Nous ne faisons que vous imiter. »

Oui, notre parti a combattu par tous les moyens en son pouvoir
les gouvernements contraires à ses vœux; et si ses manifestations
ont pu aller parfois jusqu'à faire naître de sérieuses inquiétudes
dans le pays, il a du moins pour excuse ce fait que les gouvernements combattus par lui n'étaient pas l'expression vraie ou l'expression sincère de la volonté du pays. Mais votre excuse, à vous autres,
quelle sera-t-elle? Sera-t-elle en cela que plus le gouvernement
devient l'expression vraie, sincère, de la volonté du pays, plus vous
vous croyez le droit de l'inquiéter, de le combattre?

Pour ce qui est de la souveraineté du but, oui, vous pouvez jusqu'à
un certain point nous retourner l'accusation. Je le reconnais : une
certaine partie de la démocratie militante, la partie la plus impa-
tiente de réaliser un état social fondé sur la justice, s'est laissé en-
traîner à invoquer, à proclamer, à pratiquer même cette odieuse
doctrine, qu'il eût fallu laisser aux faiseurs de coups d'Etat.

Mais ce qui a été, chez nous, entraînement momentané, erreur
passagère, contradiction irréfléchie d'un temps passé, est, chez vous,
parti pris logique, réfléchi, et dont rien ne paraît devoir vous faire
départir.

Le principe de la souveraineté du peuple, derrière lequel nous
entendons bien nous retrancher exclusivement désormais, donne
toutes garanties de sécurité au pays, tandis qu'il n'en peut recevoir
aucune de partis contraires à sa souveraineté, et n'ayant vergogne
des moyens à employer pour arriver à leur but.

VI

Je ne vous cause aucun étonnement, Monsieur le duc, en disant
à votre monde, et sans ménagement, ses vérités; mais je vous éton-

nerai beaucoup, je pense, par l'aveu que je vais formuler : Je ne
veux pas la mort de votre parti ; je crois à sa nécessité d'être. J'y
crois à ce point que si, par miracle, je pouvais le faire disparaître
instantanément sous mon souffle, je ne céderais pas à ce qui serait
pour la plupart de mes copartisans la suprême tentation. Non-seulement je ne désire pas sa disparition, parce qu'en général je me
garde de désirer l'impossible, mais surtout parce que je le tiens pour
indispensable à la marche des choses, et je dis de lui, comme certain philosophe disait de Dieu : « S'il n'existait pas, il faudrait l'inventer. »

Pourquoi? parce qu'il répond, sans en avoir conscience, à une
impérieuse condition de mouvement des esprits. Son action critique
s'exerçant à tout propos, quelquefois avec raison, souvent à faux,
toujours avec malveillance, produit sur nous, au profit de notre
cause, les meilleurs effets. Au lieu de nous ébranler, de nous décou-
rager, de nous affaiblir, elle nous affermit, elle nous encourage,
elle nous réconforte. Elle nous oblige à faire retour sur nous-mê-
mes, à épurer nos idées, à assurer notre marche, à réfréner les
excentricités de nos enfants terribles ; à étudier plus à fond les vastes
problèmes qui s'imposent à l'esprit moderne; en un mot, à faire
comprendre au monde, de mieux en mieux, le caractère véritable et
l'immense portée de la Révolution.

Tel est bien positivement, Monsieur le duc, l'effet, vu de haut,
que produit sur nous la critique sans scrupule et sans merci exercée
contre nous par vous et les vôtres, comme elle a été exercée par vos
prédécesseurs et le sera par vos successeurs.

C'est, en effet, le propre de la contradiction, d'irriter, d'échauffer,
de surexciter d'autant plus les esprits novateurs qu'elle révèle plus
d'étroitesse de conception unie à plus de largeur de malveillance.
Impitoyablement fouettés par elle, ils poursuivent leur œuvre avec
une ardeur qu'ils n'eussent certainement pas montrée sans le har-
cèlement dont ils sont l'objet.

D'ailleurs, le parti de la Révolution ne pouvait, quoi qu'il tentât,
échapper à la contradiction plus ou moins affranchie d'intelligence,
de loyauté et de toute espèce de scrupules. Elle a été souvent poussée
jusqu'aux extrêmes limites de la violence. Il l'a subie comme elle lui
est venue. Je ne dis pas qu'il la subie, comme les chrétiens du temps
de la persécution, « pour la plus grande gloire de Dieu, » et qu'il

s'est défendu de nourrir des pensées de violentes représailles, non.
Cependant, à partir des effroyables crises de la fin du siècle dernier,
chacune de ses victoires est pure d'action vengeresse. Ni en juillet
1830, ni en février 1848, ni en septembre 1870, il n'y a eu de
réaction violente. Il en est tout autrement, au lendement des victoires contre-révolutionnaires. Je n'ai pas à faire ici l'éloge de mon
propre parti; mais on ne lui contestera pas d'être à la hauteur des
épreuves les plus douloureuses.

Revenons à notre thèse. C'est un lieu commun de dire qu'un
progrès ne s'opère jamais qu'au prix de souffrances proportionnées
à sa grandeur.

Si nous n'avions pas été contredits de toute manière, comme nous
l'avons été, comme nous le sommes encore, comme nous le serons
toujours, à cela près que la contradiction sera de plus en plus
exempte de violence, — espérons-le, — nous n'aurions certainement
pas justifié la qualification de parti du mouvement. N'étant pas incessamment provoqués par une critique à outrance, nous nous serions engourdis; nous aurions négligé d'étudier les problèmes; nous
aurions eu infiniment moins d'ardeur à plaider notre cause, échap-
pant à la nécessité de la plaider contradictoirement, et nous n'aurions pas conquis à notre principe, comme nous l'avons fait, la très
grande majorité de la société française, sans compter le rayonnement de notre action au dehors.

Que votre monde, Monsieur le duc, méconnaisse l'extrême importance du phénomène psychologique dont je parle, cela n'a rien de
surprenant. Mais je tiens beaucoup à ce que mon monde, à moi, en
comprenne et la réalité et la fécondité. C'est un gros préjugé de
croire que les excitants extérieurs ne sont pas indispensables aux esprits pour être actifs. La vérité est bien qu'il leur faut de toute nécessité l'excitant d'une contradiction quelconque; aussi, se produit-il
toujours et de toute manière imaginable.

Ce n'est pas moi qui ai inventé cette sentence échappée depuis
longtemps au génie populaire : « La lumière jaillit du choc des
opinions, » et tout ce que je m'applique à démontrer est pour la
vérifier.

D'autre part, j'aime à croire que je ne suis pas le jouet d'une
illusion, quand je vois les partis contraires exister dans tous les
temps, et se composer partout des éléments relativement supérieurs

des peuples. S'ils se produisent et se reproduisent partout, tant et si bien qu'on ne saurait concevoir une société dont ils n'expriment pas le caractère et le degré de vitalité, il faut bien reconnaître que ce n'est pas là un fait simplement artificiel, mais un phénomène naturel, voulu par quelque grande loi de développement des puissances de la vie sociale.

Il y a longtemps déjà que, frappé des effets de cette loi, et cherchant à m'expliquer le jeu des partis antagonistes, j'ai été amené à formuler cette espèce d'axiome :

« Tant sont vivants les partis, tant est vivante la société. »

Il y a longtemps que j'ai opposé à la niaise opinion consistant à déplorer l'existence des partis, à les faire considérer comme expression inférieure de la vie des peuples, le victorieux argument que voici :

« Les sociétés les plus avancées en civilisation, c'est-à-dire les plus fortes, les plus savantes, les plus morales, les plus généreuses, les plus actives, les plus prospères, sont celles précisément où les partis sont le plus accentués et jouissent de la plus grande liberté de manifestation. »

J'ajoute, pour compléter l'argument : « et celles où les partis s'agitent et se contredisent au nom d'intérêts fondamentaux. »

A ce compte, j'ose croire que, jugeant de la vitalité d'une société par la vitalité de ses partis, et par la grandeur des intérêts mis en jeu, la société française est la plus avancée en civilisation.

Pour en revenir au grand phénomène de perpétuelle contradiction exprimé par les partis opposés, s'il n'avait pas pour cause et pour effet de faire jaillir la lumière du choc des opinions, il serait tout à fait inexplicable ; et si l'explication donnée ici est, au fond, inattaquable, si elle s'impose à tout esprit observateur, il en résulte bien positivement que la contradiction exprimée par les partis est absolument indispensable à l'activité des esprits et au développement de la vitalité des nations.

Je ne suis pas assez de l'école de Pangloss pour croire que tout va pour le mieux dans le meilleur des mondes possibles. Mais l'humanité étant ainsi faite qu'elle ne peut accomplir ses destinées qu'à

travers d'incessantes difficultés, et les plus grandes créées par elle-
même, inconsciemment, il faut en prendre son parti, et d'autant
mieux que chacun de nous est en soi-même un exemplaire de l'humanité, et porte en soi le principe de la contradiction. C'est une
pensée orgueilleuse jusqu'à la folie, celle portant à trouver mal fait
le caractère humain. Les prétendus esprits forts qui la caressent,
cette idée, sont tout simplement de faibles esprits. Le plus sage est
de ne pas rêver une humanité autre que celle existante, et quand
on veut s'expliquer le mouvement de la vie humaine dans les divers
ordres de civilisation, il faut savoir tenir compte de tout ce qui,
bon ou mauvais en apparence, concourt à faire la lumière, et à déterminer l'élévation de niveau de la valeur sociale.

De cet ensemble de considérations, je suis fondé à conclure que
votre parti, Monsieur le duc, réussissant parfaitement à tenir le
nôtre en haleine, et même lui criant « gare! » quand il semble se
fourvoyer, lui est, par cette action même, absolument indispensable.

Car, je veux être juste, et ne fais nulle difficulté de reconnaître
que son action n'est pas d'une utilité exclusivement négative ; elle
est parfois d'une utilité positive. Elle a eu ce dernier caractère toutes
les fois qu'elle s'est exercée à la critique de certains systèmes sociaux, éclos au sein de la démocratie, et qui étaient en opposition
complète avec l'esprit de la Révolution. Dans ces cas, votre parti
était bien d'une utilité positive, parce qu'il servait directement à
assurer la marche du nôtre. Néanmoins, je persiste à dire que vous
êtes, comme parti, une force surtout négative.

Et pour rendre bien saisissante l'action qu'elle exerce sur le parti
du mouvement, je ne saurais mieux la comparer qu'à ce génie atta-
ché aux pas du Juif errant, lui criant de sa voix impitoyable,
chaque fois qu'il veut se reposer : « Marche! marche toujours! »
Toutes les manœuvres de votre parti contre le nôtre, toutes les critiques outrées dont le nôtre est l'objet de la part du vôtre, se tradui-
sent infailliblement par ces mots fatidiques : « Marche! marche
toujours! » Et comme pour nous talonner incessamment, il vous
faut nous emboîter le pas, vous êtes, de fait, à notre remorque, et
nous vous entraînons de plus en plus, sans retour possible, sur le
terrain de la Révolution.

Voilà pourquoi, Monsieur le duc, tout disposé que je sois à rendre, pour ma part, dent pour dent et œil pour œil à votre parti, je voudrais pouvoir l'inventer s'il n'existait pas.

VII

Maintenant, Monsieur le duc, nous allons aborder la question de savoir si ce grandiose et persistant phénomène qu'on appelle « la Révolution » est voulu par l'invincible force des choses, aidée des efforts volontaires d'une partie plus ou moins considérable de la société, ou s'il n'est qu'artificiel, c'est-à-dire déterminé seulement par des volontés humaines, poursuivant, de parti pris, une œuvre de réformation sociale ?

La question me semble extrêmement importante. Si, en effet, la Révolution n'était que la résultante d'un parti pris par un nombre plus ou moins considérable de personnes, il ne serait pas insensé de chercher à en avoir raison, l'homme pouvant, dans sa pleine liberté, défaire ce qu'en sa pleine liberté l'homme a pu faire.

Au contraire, on s'userait en efforts aussi vains qu'ineptes en espérant défaire ce qu'aurait déterminé à faire l'invincible force des choses.

Je n'aime pas à chercher au-dessus de la puissance humaine l'explication des phénomènes de la vie, et surtout je répugne absolument aux explications négatives du libre arbitre. Cependant les grands événements de l'histoire seraient inexplicables si l'on se refusait à l'idée que le monde humain est soumis à des lois quant à la durée des sociétés, quant à leur caractère spécial et quant à leur renaissance. Cette idée n'est pas négative du libre arbitre. Cela dit, pourquoi repousserait-on la pensée que ce prodigieux remue-ménage appelé « la Révolution » relève, en son principe initial, de quelque loi naturelle, tout en s'accomplissant par des volontés humaines ?

Que de fois les penseurs les plus autorisés n'ont-ils pas constaté qu'un peuple ne peut pas plus retourner sur ses pas qu'un fleuve remonter vers sa source? Les sociétés ont donc un cours d'existence voulu par l'invincible force des choses?

Et à quiconque hésiterait d'accepter cette manière de voir, je demanderais si j'ai rêvé que l'histoire du genre humain est l'histoire de civilisations distinctes, ayant eu chacune son principe générateur? Si j'ai rêvé qu'après avoir jeté plus ou moins d'éclat pendant une longue série de siècles, chacune de ces civilisations s'est éteinte ou à peu près? Si j'ai rêvé que toutes sont nées d'une crise révolutionnaire, et si je divague en ajoutant que le passage d'une civilisation épuisée à une civilisation naissante est, dans l'absolue rigueur du mot, une « révolution? » Ai-je rêvé, par exemple, que le monde païen est devenu monde chrétien par une longue suite de crises très douloureuses, très sanglantes, dont le grandiose ensemble est une révolution aussi fondamentale que possible? Enfin, ai-je rêvé que nous traversons, nous aussi, une longue, douloureuse et parfois sanglante crise que, dès la première heure, l'inspiration populaire a caractérisée de « révolution, » et qui m'apparaît comme le passage d'une civilisation épuisée à une nouvelle, faisant effort pour se dégager de l'immense conflit du temps présent?

Si je n'ai pas rêvé tout cela, si tout cela se dégage incontestablement des enseignements de l'histoire, qu'en faut-il conclure?

Qu'il existe pour les sociétés humaines une loi de nature — dites, si vous voulez, un règlement providentiel, — en vertu de laquelle ou duquel elles parcourent un cycle, comme je l'ai déjà fait remarquer plus haut, dont le point de départ est inévitablement déterminé par une révolution plus ou moins fondamentale. Toutefois, au point d'arrivée, une révolution nouvelle ne se produit que si la société, dont le principe particulier de civilisation est épuisé, reçoit à nouveau et sans tarder le souffle revivifiant qui lui ouvre une nouvelle carrière à parcourir, c'est-à-dire une nouvelle haute fonction à remplir dans le monde. C'est le cas précisément de la société française, et, par rayonnement, de toutes les sociétés d'origine chrétienne. L'Orient nous offre, au contraire, l'exemple de peuples, autrefois très puissants, qui, ayant épuisé leur principe particulier d'existence fonctionnelle, se survivent, en quelque sorte, pendant de longs siècles, paraissant condamnées à l'immobilité, comme s'il était dit qu'elles devaient attendre que l'Occident ait accompli sa révolution, pour en recevoir à leur tour le rayonnement régénérateur.

Et le fait est que le rayonnement commence.

Enfin, s'il faut encore quelque solide raison pour fortifier l'opinion que j'émets, je la trouve, cette solide raison, en ceci que, non-seulement en France, mais dans l'Europe entière, toutes les puissances constituées, toutes les classes privilégiées se sont vainement liguées contre la Révolution. Maudite, proscrite, violentée de toutes manières dans le personnel de son parti, rien n'a pu prévaloir contre elle. Elle a triomphé des plus formidables résistances, et elle a déjoué les conjurations les plus savamment combinées. Elle a pénétré partout ; obligé tous les gouvernements de lui faire d'importantes concessions, qui en nécessiteront infailliblement d'autres encore plus importantes. Et il est si vrai de dire que son action est irrésistible, en fin de compte, quoiqu'on puisse la troubler momentanément, que nous avons pu constater, il y a quelques instants, ce prodige opéré par elle : le parti constitué pour la combattre n'aboutissant qu'à aider à son accomplissement !

Si donc, à tous ces signes éclatants on ne reconnaît pas, que « la Révolution » est une révolution dans toute la rigueur et l'ampleur du mot ; que, s'accomplissant par les volontés humaines, elle n'est pas moins voulue par l'invincible des choses, et que, conséquemment, les efforts tentés dans l'espoir d'en avoir raison sont aussi vains qu'ineptes, — si on ne reconnaît pas cela, c'est qu'on est frappé d'aveuglement.

VIII

Entre le monde qui prétend voir dans la Révolution un mouvement de dégénérescence sociale, et le monde qui y voit, au contraire, un mouvement de régénération ; entre ces deux appréciations, si foncièrement contradictoires, où trouver l'autorité suffisante pour trancher la question ?

Nous la trouverons, si nous le voulons bien, cette autorité suffisante et même infaillible, dans le sens commun, autrement dire,

dans le bon sens universel, et parfaitement sanctionnée, comme
nous le verrons, par nos principes de morale.

Et pour que la démonstration soit irréfragable, c'est à votre conscience, Monsieur le duc, et à la conscience de votre monde que je
vais demander d'abord le témoignage du sens commun, ensuite
celui de la morale.

Vous inscririez-vous en faux, et connaissez-vous dans le monde
de la résistance une seule personne, à peu près saine d'esprit, dis-
posée à s'inscrire en faux contre cette simple idée, que tout ce qui
a pour objet et pour effet d'accroître en soi-même et dans autrui les
énergies vitales, c'est-à-dire les diverses puissances de la vie, est
dans l'ordre du bien, et que, par contre, est dans l'ordre du mal,
tout ce qui a pour objet et pour effet de faire décroître en soi et
autour de soi ces puissances?

Veuillez, je vous prie, méditer un instant cette question.

Je vous ferais certainement injure de douter qu'après le moindre
temps de réflexion, vous ne répondiez : « Non, je ne voudrais pas
m'inscrire en faux contre cette idée! Non, je ne connais aucune personne sensée qui veuille s'inscrire en faux contre cette simple définition du bien et du mal. » En tous cas, j'en appelle au premier mouvement de votre conscience et de la conscience des vôtres.

Et bien, cette définition est celle du sentiment universel quant à
tout ce qui est des manifestations de la vie. A quelque degré de
l'échelle de civilisation qu'on prenne un être humain, on le trou-
vera toujours agréablement impressionné à l'aspect de tout ce qui
s'épanouit heureusement dans la vie, et fâcheusement impressionné à l'aspect de toute existence altérée, affaiblie, étiolée. C'est
en vertu d'une sorte d'instinct transcendant que s'affirment ainsi uni-
versellement l'amour de tout ce qui va montant dans la vie et l'horreur de tout ce qui y dégénère. Cet amour et cette horreur s'appliquent nécessairement à toute la nature vivante, mais particulièrement à l'humanité, et c'est celle-ci seulement que nous avons en
vue pour le moment.

Cette disposition naturelle, et conséquemment universelle, de
l'être humain le porte invinciblement à l'admiration de tout acte
de dévouement, de tout travail à la fois pénible et hardi, de toute dé-
couverte qui a pour effet de garantir les existences, de les fortifier et
d'accroître la puissance de l'homme sur la nature extérieure. Est-ce

vrai, rigoureusement vrai, absolument vrai ? Quiconque ne répondrait pas trois fois « oui ! » mentirait à sa propre conscience.

Il y a donc bel et bien, en dehors et au-dessus de toutes les conceptions politiques, philosophiques ou religieuses qui ont eu leur règne sur les peuples, une force de sentiment propre aux hommes de tous les temps ; force de sentiment qu'on pourrait appeler la caractéristique humaine, persistant à travers les divers ordres de civilisation, et déterminant la spontanéité du jugement relativement à ce qui est conforme ou contraire aux lois essentielles de la vie.

Si je n'étais pas obligé d'aller au pas de course, j'accablerais de preuves le lecteur, quel qu'il soit; mais outre que je ne puis m'arrêter à les produire, je ne les crois pas indispensables.

Cette force de sentiment est la génératrice de ce qu'on appelle le sens commun ou le bon sens universel, ou encore la conscience humaine.

Elle a été incroyablement contredite dans tous les temps, chez tous les peuples par des conceptions arbitraires. Toujours, et partout des systèmes se sont établis qui avaient été conçus au mépris de cette lumière naturelle qu'on appelle le sens commun, ou la conscience humaine. Mais ce phénomène de dualisme entre les conceptions de l'esprit de l'homme ou les croyances acceptées par l'homme, et les indications de l'espèce d'instinct transcendant dont nous parlons, ce phénomène, s'il a pu limiter énormément l'autorité de cet instinct, ne l'a du moins jamais perverti, et c'est à lui certainement qu'on doit d'avoir vu des sociétés humaines mener une longue existence active, florissante, laissant de glorieuses traces, quoiqu'elles semblassent, ces sociétés, avoir l'esprit profondément pénétré d'une conception de la destinée aussi contraire que possible à l'épanouissement des puissances de la vie.

Eh bien, Monsieur le duc, puisqu'il n'est aucune personne à peu près saine d'esprit, chez laquelle le sens commun n'exerce dans une assez forte mesure ses droits, et que c'est la caractéristique du genre humain tout entier de voir, de premier mouvement, le bien en tout ce qui monte en puissance dans la vie et y fait monter, de voir le mal en tout ce qui descend vers la mort ou y fait descendre, nous trouvons là un premier et solide élément de certitude pour trancher le gros litige entre votre monde et le nôtre.

Mais pour que cette autorité naturelle s'impose aux esprits les plus prévenus, il faut savoir si elle est pleinement confirmée par la morale.

Et par « morale » je n'entends pas celle accommodée à l'usage de tel ou tel parti, de telle ou telle secte, de telle ou telle petite ou grande église; j'entends parler de celle de toute la société. Je n'en demande les préceptes principaux à aucun traité spécial; je les dégage de l'esprit de tout le monde, et l'on va voir si je donne à quelqu'un le droit de protester.

Je ferai remarquer d'abord, quant au soin de soi-même, que toutes les pratiques, tous les excès, tous les vices réprouvés par la morale, ont pour effet certain d'altérer, d'amoindrir la valeur de l'être humain en affaiblissant ses facultés diverses; que, au contraire, elle sanctionne les pratiques hygiéniques, dont l'effet est de fortifier le corps, et qu'elle tient pour vertu les efforts par lesquels se développent les facultés affectives et intellectuelles. Donc, sans parler du suicide, si formellement réprouvé, la morale vulgaire condamne bien positivement les vices individuels, causes de diminution des énergies vitales, et encourage à tous les efforts qui font l'individu sain de corps, de cœur, et fort par l'intelligence. Ainsi, du point de vue personnel, le bien est d'accroître la vie en soi; le mal, de se comporter de manière à la faire décroître.

Du point de vue social, est-il besoin d'en dire long pour prouver que le bien, selon la morale, consiste à assister autrui autant que possible et de toute manière possible? Est-il besoin de dire que tous les devoirs sociaux sont des efforts exigés ou sollicités des individus en vue de préserver l'existence sociale et d'en augmenter indéfiniment la puissance? Que toutes les vertus recommandées et honorées ont pour effet certain d'élever le niveau de valeur de la communauté nationale?

Il se peut que d'un certain point de vue mystique on comprenne autrement la morale; qu'on fasse une vertu du mépris de soi-même, et qu'un lent suicide soit considéré comme œuvre pieuse par excellence. Mais ce point de vue est celui d'une faible minorité qui, par égarement d'esprit, fait violence à l'instinct transcendant dont nous avons parlé. Nous sommes, ici, au point de vue de l'immense majorité de la société et même de la très grande partie du monde catholique.

Cette certitude nous étant donnée tout à la fois et par le consentement universel et par la morale du monde le plus élevé sur l'échelle de la valeur, elle doit s'imposer à tous les esprits : elle va devenir notre critérium. C'est par elle que nous pouvons trancher la fameuse question de savoir si le niveau de valeur de la société moderne a baissé ou s'est élevé par effet de la Révolution.

IX

Nous sommes arrivés au point culminant de notre sujet.

Et, tout d'abord, faisons-nous une idée bien précise de ce qu'il faut entendre sous cette expression abstraite : la Révolution.

Il faut entendre tout l'enchaînement des crises sociales qui se sont produites depuis 1789, et qui sont les reprises éclatantes du profond travail de la société sur elle-même, pour se défaire de ses anciens liens et errements, et se refaire une condition d'existence toute nouvelle.

En d'autres termes : la Révolution, vue dans l'ensemble de ses effets, est le travail de substitution d'un état social nouveau à l'état social ancien, le nouveau se basant sur des principes tout différents de ceux sur lesquels se basait l'ancien.

En un mot, la Révolution est une « révolution » et non pas simplement une « réformation, » ainsi que le feraient penser la plupart des historiens, qui s'appliquent à donner pour unique cause au mouvement le besoin de réformer les abus de l'ancien régime. En réalité, ce n'a été que la cause déterminante.

L'œuvre de substitution, si elle n'est pas encore complète, est du moins assez avancée pour qu'il soit facile d'apprécier si elle est avantageuse ou désavantageuse aux grands intérêts suivants :

L'intérêt national ;

L'intérêt moral ;

L'intérêt économique.

Je devrais en mentionner un quatrième, la liberté de conscience ; car, dans les temps où nous sommes, cette liberté est la meilleure garantie à donner à l'intérêt religieux. Ce n'est probablement pas l'opinion de votre parti, Monsieur le duc, mais c'est la nôtre. La liberté de conscience est une conquête de la Révolution, et si elle a été faite aux dépens de l'autorité catholique, elle est d'autant plus profitable à la recherche des lois de la destinée.

Je n'en dirai pas davantage ici sur cette question brûlante, et je reviens aux trois grands intérêts sus-mentionnés.

Ceux-là sont les suprêmes, assurément. Il n'en est pas qui leur soient supérieurs, et il est aisé de comprendre que tout intérêt contraire à ces trois-là serait illégitime et condamnable.

On comprend aisément aussi qu'ils sont solidaires à ce point que si l'un d'eux est en souffrance, les deux autres sont, de ce fait, en souffrance, et inévitablement.

Il n'est pas contestable qu'à eux trois ils embrassent toutes les nécessités de la vie sociale.

Nous allons les prendre un à un, pour voir quelles nécessités particulières chacun d'eux embrasse et pour savoir par quelle partie de la société il est le mieux servi.

L'intérêt national ne réside pas seulement dans l'organisation des forces défensives du pays; il réside en tout ce qui peut valoir au pays l'avantageuse comparaison avec les autres ; car, plus on va, plus les nations sont obligées de rivaliser entre elles, et se montrent plus animées de l'honorable désir de se surpasser les unes les autres.

Cela étant au su de tout le monde, pensez-vous, Monsieur le duc, qu'il soit permis, sans faire hurler la vérité, de prétendre que l'esprit moderne, c'est-à-dire celui même de la Révolution, s'exprimant par la société républicaine, laisse en souffrance ce premier de nos suprêmes intérêts? Non, cela n'est pas permis sans outrager la vérité.

En effet, au point de vue de l'organisation des forces défensives, quelle est l'opinion qui exige l'obligation du service militaire étendue à toute la jeunesse virile, sans exception? Le parti du mouvement. D'où viennent les oppositions, les retards, les échappatoires ? Du parti de la résistance.

Et du point de vue de la suprématie nationale dans l'ordre du travail sous tous ses aspects, quelle est, de la société née de la Révolution ou de la société résistante, celle qui montre le plus de sollicitude pour tout ce qui peut favoriser le développement et le bon emploi des énergies laborieuses ? Laquelle encourage le plus hautement le génie inventif et porte plus haut dans son estime les hardis chercheurs ayant réussi à résoudre l'un de ces grands problèmes qui ouvrent à l'activité humaine une carrière de plus en plus large? Je voudrais n'avoir pas à formuler de pareilles questions ; car la réponse qu'elles appellent est humiliante pour le monde réactionnaire.

C'est donc un fait qui s'impose à l'opinion universelle, un fait contre lequel il n'est pas de réclamation admissible, qu'aux deux points de vue où nous venons de nous placer, c'est la société selon la Révolution qui comprend le plus largement et sert le plus effectivement l'intérêt national, et le servirait bien mieux si elle n'était incessamment contrariée par l'autre société.

Voyons maintenant comment nous entendons et servons l'intérêt moral, par rapport à la manière dont votre monde l'entend et le sert.

La nécessité à laquelle répond le second des trois grands intérêts est de favoriser tout à la fois le développement des vertus civiques, des bonnes mœurs privées, et de faire régner autant que possible la justice dans les rapports intéressés entre les divers éléments sociaux.

Quant aux vertus civiques, est-ce la monarchie ou la démocratie qui en a besoin ? La monarchie? Elle est d'autant plus impossible que le sentiment de la valeur civique pénètre davantage dans les masses. La monarchie? Elle ne peut vivre qu'avec un peuple de sujets, et appuyée sur les classes privilégiées. La monarchie? Elle est fatalement condamnée à maintenir le gros de la société dans l'humilité et l'infériorité. Elle redoute cette vertu morale qu'on appelle le civisme ; elle voudrait la faire considérer comme un vice, et elle fait un mérite au peuple de se désintéresser de la chose publique. Ce n'est pas seulement, de la part de la monarchie, une manière d'énerver le patriotisme ; c'est un parti forcément pris, pour se maintenir, d'empêcher la mise en cette valeur morale de la partie la plus nombreuse de la société.

Et, de notre temps, partout où la monarchie a été obligée de faire des concessions à l'esprit nouveau, de se républicaniser un peu, en laissant arriver à la vie politique une partie plus ou moins considérable de la population, n'était-ce pas positivement des avances faites à la Révolution? Et n'ont-elles pas eu toujours pour effet une élévation du niveau de valeur morale?

Cette seule considération suffirait pour confondre les adversaires du régime républicain.

Ainsi donc, il faut, ou déclarer que la vertu civique n'est pas une vertu; qu'il n'y a pas d'intérêt à la voir se développer dans les masses — ce qui serait une déclaration cyniquement immorale, — ou reconnaître que la République seule, la République voulue par la Révolution, a pour fondement essentiel, pour condition suprême d'existence, la généralisation de cette capacité morale qu'on appelle le civisme.

Quant au second point : les mœurs privées, je reconnais — et ce n'est pas la première fois — qu'il s'est produit, sous le manteau de la Révolution, des idées qui, si elles avaient pu prendre empire sur les esprits, auraient eu pour effet un déplorable énervement moral. Ces idées, au fond destructives de la famille et bien faites pour causer une rapide dégénérescence sociale, n'ont été que rééditées sous le couvert de notre parti. Elles s'étaient produites plusieurs fois et avec éclat dans la société chrétienne, à son origine et dans le cours de son histoire. Elles sont nées des rêves de bonheur auxquels se laissent aller, dans tous les temps, et particulièrement aux époques critiques, des intelligences plus vives que bien équilibrées.

Ces idées n'ont fait qu'un très court chemin chez nous. A peine trouverait-on aujourd'hui quelques bohêmes de la pensée, cherchant à les ramasser dans les ordures de l'esprit, pour les rééditer encore, et sans la moindre chance de passer pour de hardis penseurs. Elles sont positivement contraires à l'esprit de la Révolution, tel qu'il se révèle par celui même de la société moderne. Celle-ci repousse, en effet, tout ce qui énerve ; et par contre elle honore tout ce qui fortifie. Elle glorifie le travail comme il ne l'a jamais été dans le monde, et elle se passionne pour tous les héroïsmes de la vie active. Cette manière d'être est essentiellement préservatrice des inévitables immoralités de la vie oisive, comme elle est absolument exclusive de ces rêves de molle et voluptueuse existence auxquels j'ai fait allusion.

Le sentiment de famille n'a pas été sérieusement atteint, même à l'époque, déjà reculée, où l'on essayait d'attaquer le mariage légal au nom et dans l'intérêt des amours libres. Outre que l'immense majorité des républicains réprouvaient ces doctrines, la plupart de ceux qui en avaient été un peu touchés, n'ont pas tardé à comprendre qu'elles sacrifiaient tout à la fois la dignité de la femme et l'existence même de la famille. Non, ces aberrations ne sont pas imputables à la Révolution. Le fait est bien que la société née d'elle les repousse, et que le principe de la famille a pris d'autant plus d'autorité parmi nous, que nous ressentons mieux le besoin d'avoir une population saine et vigoureuse. Nous avons même, quant à la religion de la famille, cet avantage sur le monde catholique, de réprouver toute institution favorisant systématiquement le célibat. Bref, plus la société sera pénétrée du véritable esprit de la Révolution, qui pousse à la vie héroïquement active et veut une race forte, plus elle aura le culte de la famille et des bonnes mœurs privées.

Quant au troisième des suprêmes intérêts sociaux, l'intérêt économique, je pourrais me dispenser de faire voir ici à quel point il est favorisé par le mouvement de la Révolution, attendu que je l'ai déjà fait voir tout à l'heure, à propos de la nécessité, pour notre pays, de ne pas se laisser dépasser par les autres dans l'ordre de la production. Cependant j'en dirai quelques mots encore.

Si vous voulez, Monsieur le duc, vous rendre compte de ce par quoi la société moderne se caractérise le mieux et le plus hautement, vous reconnaîtrez bientôt que c'est par l'importance étonnante, sans précédent, qu'elle attache au travail sous tous ses aspects. On la dirait profondément pénétrée de cette idée que le travail, abstraction faite de celui qui entretient les existences, est la loi supérieure de la vie. Elle se comporte comme si elle était animée de la conviction qu'on ne travaille pas seulement pour vivre, mais qu'on existe pour travailler, et il semble qu'elle résume sa religion en cette maxime : « Qui travaille prie. »

Et, à ce propos, je dois redire ici ce que j'ai dit déjà bien des fois ailleurs, savoir : qu'il est absolument démontré que si, par impossible, tous nos besoins matériels pouvaient trouver leur plus ample satisfaction sans le moindre effort de notre part, nous ne serions pas pour cela dispensés de mener vie active. Nous y sommes obligés sous peine de dépérissement plus ou moins rapide. Et si nous sommes tous prédestinés à la vie active, ce n'est certainement pas pour agir dans le vide. C'est en ce sens qu'il faut entendre que le travail est la loi supérieure de la vie, — et c'est pour vouloir se conformer instinctivement à cette loi que la société moderne s'élève tant au-dessus de son aînée.

Que la manière d'être de la société selon la Révolution ne fasse pas l'affaire des gens d'église, je le comprends parfaitement : elle leur coupe l'herbe sous les pieds. Qu'elle ne fasse pas non plus l'affaire des vieux partis, pour lesquels le frein religieux est un moyen de maintenir le peuple en état d'humilité résignée et obéissante, je le comprends encore parfaitement : elle détruit leur centre de gravité. Mais les esprits clairvoyants et désintéressés, ayant tout à la fois la religion de la patrie et des grandeurs humaines, ne peuvent se refuser de voir en cette manière d'être le signe d'une grande puissance de vitalité, et la promesse d'une puissance indéfiniment croissante.

Cette caractéristique, à mesure qu'elle se développe et se fortifie, détermine une sollicitude croissante pour ce qu'un économiste célèbre appelait « le capital humain, » le travailleur de tout genre, qui est le générateur des richesses, le capital des capitaux. Cette sollicitude si généreuse, si profondément humaine, si conforme à l'instinct transcendant dont nous avons reconnu plus haut l'existence et à la morale qui nous oblige tous, aura pour effet de mettre en valeur normale tous les membres de la société, sans exception systématique; c'est-à-dire qu'elle aura pour effet d'accroître indéfiniment la puissance productrice de la société.

Je dis avec la plus parfaite assurance que cette admirable sollicitude, d'assez fraîche date, d'ailleurs, est un effet de l'esprit rénovateur. Voudriez-vous me contredire, Monsieur le duc, et revendiquer pour votre monde de la résistance l'honneur de ce sentiment? Alors, dites que c'est votre monde qui réclame, avant le nôtre, la diffusion des connaissances, l'enseignement primaire obligatoire aussi fort que possible, l'éducation professionnelle. Dites que c'est votre monde, en opposition plus ou moins formelle du nôtre, qui, pénétré de cet axiome : « le travail libre vaut mieux que le travail servile, » s'ingénie à relever le travailleur manuel de son infériorité sociale, professionnelle et intellectuelle. Dites; mais, entre nous, reconnaissez que ce serait l'interversion absolue des rôles.

———————

Il est donc clair comme le jour que les trois intérêts suprêmes de toute société : l'intérêt national, l'intérêt moral et l'intérêt économique, sont servis comme ils ne l'ont jamais été par la société moderne, et que s'ils ne le sont pas d'une manière plus éclatante encore, la faute en est au monde de la résistance.

Je m'arrête à cette dernière constatation, quoique je n'aie pas dit tout ce que j'ai à dire sur les effets de la Révolution ; mais je compléterai ma pensée dans d'autres Lettres.

Je n'ai pas la prétention de croire, Monsieur le duc, si, par hasard, vous avez eu la patience de lire cette longue, peut-être trop longue Lettre, que je vous ai converti le moins du monde au mouvement qui nous emporte tous : nous, de bon gré, vous, de mauvais gré. Mais j'espère que d'autres liront cette étude et en tireront la conviction, s'ils ne l'avaient déjà : premièrement, que dans le grand débat entre les deux partis le rôle inférieur, quoique nécessaire, est celui de la résistance ; secondement, que la Révolution, évidemment voulue par l'invincible force des choses, défie toutes les résistances, toutes les conjurations, tous les coups d'État possibles ; troisièmement, que la substitution de l'état nouveau à l'état ancien, bien qu'elle ne soit pas encore de tous points accomplie, a produit déjà une si grande élévation de niveau de valeur générale, qu'il faut être aveuglé par la prévention pour ne pas reconnaître et admirer un pareil progrès.

A. CORBON.

Paris. — Imp. Nouv. (assoc. ouv.), 14, r. des Jeûneurs. — G. Masquin et Cᵒ.